AFIRMACIONES CIENTÍFICAS PARA LA CURACIÓN

PARAMAHANSA YOGANANDA

AFIRMACIONES CIENTÍFICAS PARA LA CURACIÓN

EDICIONES OBELISCO

Si este libro le ha interesado y desea que le mantengamos informado
de nuestras publicaciones, escríbanos indicándonos qué temas son de su interés
(Astrología, Autoayuda, Ciencias Ocultas, Artes Marciales, Naturismo,
Espiritualidad, Tradición…) y gustosamente le complaceremos.

Puede consultar nuestro catálogo en www.edicionesobelisco.com

Colección Espiritualidad y Vida interior
AFIRMACIONES CIENTÍFICAS PARA LA CURACIÓN

Paramahansa Yogananda

1.ª edición: mayo de 2025

Título original: *Scientific Healing Affirmations*
(Traducción a partir de la versión americana de 1925)

Traducción: *Juli Peradejordi*

Corrección: *Elena Morilla*

Diseño de cubierta: *Carlos Pan*

© 2025, Ediciones Obelisco, S. L.
(Reservados los derechos para la presente edición)

Edita: Ediciones Obelisco, S. L.
Collita, 23-25. Pol. Ind. Molí de la Bastida
08191 Rubí - Barcelona - España
Tel. 93 309 85 253
E-mail: info@edicionesobelisco.com

ISBN: 978-84-1172-282-7
DL B 5743-2025

Impreso en CPI Black Print

Printed in Spain

Dedicado a mi
Gurudeva, Srimat Swami Sriyukteswarji,
con amor sincero, reverencia y devoción.

El poder espiritual de la palabra del hombre

La palabra del hombre es el Espíritu en él. Las palabras son sonidos producidos por las vibraciones de los pensamientos. Los pensamientos son vibraciones emitidas por el ego o por el alma. Cada palabra que sale de tu boca debería estar cargada con la auténtica vibración de tu alma.

Las palabras, en la mayoría de las personas, carecen de vida porque se emiten automáticamente al éter, sin estar impregnadas de fuerza del alma. Hablar en exceso, exagerar o usar falsedades en relación con las palabras es como disparar balas con una pistola de juguete, sin pólvora. Por eso, las oraciones o palabras de esas personas no producen ningún cambio definido en el orden de las cosas.

Cada palabra que pronuncies debe tener un propósito, es decir, cada palabra que emitas debe representar no sólo la Verdad, sino también una porción de la fuerza realizada de tu alma. Las palabras sin fuerza del alma son como cáscaras sin grano.

Las palabras impregnadas de sinceridad, convicción, fe e intuición son como bombas vibratorias altamente explosivas que, al ser liberadas, seguramente harán estallar las rocas de las dificultades y crearán el cambio deseado.

Evita pronunciar palabras desagradables, aunque sean verdad. Las palabras deben ser entonadas de acuerdo con las convicciones internas. Palabras sinceras o afirmaciones repetidas con comprensión, sentimiento y voluntad son seguras de movilizar la Fuerza Vibratoria Cósmica Omnipresente y brindarte ayuda en tus dificultades.

Apela a esa fuerza con confianza infinita, expulsando toda duda y el espíritu de anticipación al resultado deseado. Si no haces esto, tu atención apelante se desviará y perderá su objetivo.

Además, no puedes sembrar la semilla vibratoria de la oración en el suelo de la Conciencia Cósmica y luego arrancarla cada minuto para ver si ha germinado en el resultado deseado o no.

El poder otorgado por Dios al hombre

Debe recordarse que no hay nada más poderoso que la Conciencia Cósmica o Dios. El poder de la Conciencia Cósmica es mayor que el poder de tu mente o la mente de otros. Por lo tanto, debes buscar únicamente Su ayuda. Sin embargo, esto no significa que debas volverte pasivo, inerte o crédulo, ni que debas minimizar el poder de tu mente. Recuerda que Dios ayuda a quienes se ayudan a sí mismos. Él te dio voluntad, concentración, fe, razón y sentido común para que te ayudes en tus aflicciones corporales o mentales.

Debes usar todas estas facultades mientras buscas la ayuda divina. Pero recuerda que, al utilizar tu propia voluntad o el sentido común para superar una dificultad o enfermedad, no debes depender completamente de tu ego ni desconectarte de la fuerza divina. Durante las afirmaciones o las vibraciones de oración, siempre siente que estás usando tu propio poder, pero uno que te ha sido otorgado por Dios para sanarte a ti mismo o a otros.

Cree siempre que no es sólo Dios, sino también tú, como Su amado hijo, quien intenta emplear la voluntad, la razón, etc., que Él te ha dado, para reaccionar ante los problemas difíciles de la vida. Debe establecerse un equilibrio entre la antigua idea de depender completamente de Dios y el enfoque moderno de depender únicamente del ego.

Durante las distintas afirmaciones, la actitud de la mente debe variar. Por ejemplo:

- Las afirmaciones de voluntad deben ir acompañadas de una fuerte voluntad.
- Las afirmaciones de sentimiento, de devoción.
- Las afirmaciones de razón, de inteligencia y devoción.
- Las afirmaciones de imaginación, de una firme fantasía y fe.

Al sanar a otros, selecciona la afirmación que sea adecuada al temperamento del paciente, ya sea este activo, imaginativo, emocional o reflexivo.

En todas las afirmaciones, la intensidad de la atención es primordial, pero la continuidad y la repetición también son fundamentales. Impregna tus afirmaciones con devoción, voluntad y fe, de manera intensa y repetida, sin preocuparte por los resultados que, naturalmente, llegarán como fruto de tus esfuerzos.

Durante el proceso de curación física, la atención no debe enfocarse en la enfermedad, lo cual siempre debilita la fe, sino en la mente. Durante las curaciones mentales, como el miedo, la ira, los malos hábitos, la conciencia de fracaso, el nerviosismo, etc., la concentración debe dirigirse hacia la cualidad mental opuesta. Por ejemplo:

- La cura para el miedo es cultivar la conciencia de valentía.
- Para la ira, la paz.
- Para la debilidad, la fuerza.
- Para la enfermedad, la salud.

Responsabilidad mental en las enfermedades crónicas

Al intentar deshacerse de una enfermedad física o mental mediante métodos mentales o físicos, la gente a menudo se concentra más en el poder opresivo de la enfermedad que en la posibilidad de curación, lo que permite que la enfermedad se convierta en un hábito tanto mental como físico. Esto es especialmente cierto en muchos casos de nerviosismo, donde la enfermedad se siente incluso después de haberse curado físicamente.

Cada actividad física o sensación corporal, ya sea de enfermedad o de salud, crea surcos en las células cerebrales, los cuales despiertan automáticamente ciertos hábitos de enfermedad o salud. El hábito subconsciente de conciencia de enfermedad o salud ejerce una fuerte influencia en la continuidad de las enfermedades crónicas.

Las enfermedades crónicas, ya sean mentales o físicas, siempre tienen raíces profundas en el subconsciente. Ante una perturbación mental o física, hay que ser capaz de arrancar sus raíces del subconsciente. Por eso, todas las afirmaciones practicadas por la mente consciente deben ser lo suficientemente impactantes como para permanecer como hábitos mentales en el subconsciente, que a su vez influirá automáticamente en la mente consciente.

Afirmaciones conscientes fuertes, al ser reforzadas, reaccionan en la mente y el cuerpo a través del subconsciente. Afirmaciones aún más fuertes de voluntad consciente o devoción no sólo llegan al subconsciente, sino también al supraconsciente, el almacén mágico o fábrica de todos los poderes mentales milagrosos.

Las afirmaciones individuales deben practicarse de manera voluntaria, sentida, inteligente y devota, a veces en voz alta (cuando nadie escucha), pero principalmente de forma mental (ni siquiera en un susurro), con una intensidad de atención y continuidad cada vez mayor. La atención, desde el inicio de la afirmación, debe aumentar constantemente y no debe permitirse que decaiga. Si la atención decae, debe ser recuperada repetidamente como a un niño travieso y entrenada pacientemente para realizar su tarea asignada.

La repetición atenta e inteligente y la paciencia son los creadores de hábitos, y como tales, deben emplearse durante todas las afirmaciones. Estas afirmaciones profundas y prolongadas para curar afecciones mentales o corporales crónicas deben practicarse mentalmente hasta que se conviertan casi en parte de las convicciones intuitivas, ignorando completamente los resultados sin cambios o contrarios (si los hubiera).

Es preferible morir (si la muerte ha de llegar) con la convicción de estar curado que con la conciencia de que un padecimiento mental o corporal es incurable.

Otro hecho siempre debe recordarse: aunque la muerte puede ser el final necesario del cuerpo según el conocimiento humano actual, no tiene un tiempo fijo; incluso si lo tuviera, puede ser modificado o cambiado por el poder supraconsciente del alma.

Por lo tanto, todas las afirmaciones, para alcanzar el supraconsciente, deben estar absolutamente libres de incertidumbres, dudas y falta de atención. La atención y la devoción son luces que pueden guiar incluso afirmaciones pronunciadas ciegamente hacia el subconsciente y el supraconsciente.

Cuanto mayor sea su poder, más lejos podrán llevar las vibraciones de las afirmaciones hacia sus destinos subconscientes o supraconscientes.

¿Qué cura? La energía vital

Drogas, medicinas, masajes, ajustes espinales o tratamientos eléctricos ayudan a restaurar la condición armoniosa perdida de las células mediante la química de la sangre o la estimulación de ciertos tejidos. Estos son métodos externos que a veces asisten a la energía vital para lograr una curación. Sin embargo, no tienen poder para actuar sobre un cuerpo muerto, del cual la energía vital ha desaparecido, ya que no hay nada en un cuerpo muerto que pueda utilizar las propiedades de las medicinas o corrientes eléctricas.

Sin la energía vital, las medicinas, entre otros métodos, no pueden tener efecto curativo en el cuerpo humano. Por lo tanto, se puede entender que es únicamente la energía vital la que puede efectuar una curación; todos los métodos externos de estimulación sólo pueden cooperar con la energía vital y son impotentes sin ella.

Curación según el temperamento

La imaginación, la razón convincente, la fe, la emoción o el sentimiento, la voluntad o conación pueden emplearse según la naturaleza específica imaginativa, intelectual, emocional o conativa del individuo. Pocas personas saben esto. Émile Coué, por ejemplo, busca curar a todas las personas únicamente mediante la autosugestión.

Sin embargo, una persona enferma de tipo intelectual no es susceptible a la sugestión y sólo puede ser influenciada mediante una discusión metafísica sobre el poder de la conciencia sobre el cuerpo. Este tipo de persona necesita comprender mentalmente el poder de la mente sobre el cuerpo. Por ejemplo, si puede darse cuenta de que se pueden producir ampollas mediante hipnosis, como señala el profesor James en sus *Principios de Psicología,* entonces podrá entender también el poder de la mente para curar enfermedades. Si la mente puede producir enfermedades, también puede generar salud.

La autosugestión también es ineficaz en personas con una fuerte fuerza de voluntad. Ellos necesitan que su voluntad sea estimulada en lugar de su imaginación, si desean curarse de una dolencia.

Un caso registrado ilustra a una persona emocional que había perdido su capacidad de hablar y la recuperó al salir corriendo de una casa en llamas. El impacto repentino al ver el fuego estimuló tanto su emoción que gritó «¡Fuego! ¡Fuego!», olvidando que hasta entonces no podía hablar. Una emoción fuerte puede superar el hábito mental subconsciente de enfermedad.

Esta historia demuestra el poder de la atención intensa, que debería usarse en conexión con afirmaciones para curar enfermedades corporales.

Durante mi primer viaje en barco de India a Colombo, me sorprendió un ataque de mareo y perdí el valioso contenido de mi estómago. Me molestó mucho la experiencia, ya que llegó sin mi permiso y mientras disfrutaba de mi primera experiencia en un camarote. Decidí que nunca más sería engañado así. Planté firmemente mi pie en el suelo del camarote y ordené a mi voluntad no aceptar nunca más la experiencia de mareo. Más tarde, aunque estuve en el agua durante cincuenta días de Calcuta a Boston, un mes camino a Japón y veintiséis días de Seattle a Alaska y de regreso, nunca volví a marearme, incluso con mares agitados que afectaron a casi todos los demás pasajeros.

La voluntad, la imaginación, la razón o el sentimiento, por sí mismos, no pueden lograr una curación física. Actúan como agentes que, según los diferentes temperamentos, pueden estimular la energía vital para despertar y curar un determinado mal.

En un caso de parálisis del brazo, si la voluntad o la imaginación se estimulan de manera continua, la energía vital puede irrumpir repentinamente en los canales nerviosos enfermos, curando los tejidos y el brazo paralizado.

La repetición de afirmaciones debe ser firme y continua, para que la fuerza de la voluntad y la imaginación sea suficiente para estimular la energía vital descontrolada o inactiva.

Yogoda enseña, mediante su arte de concentración, meditación y control de la voluntad, cómo usar directamente esta corriente vital para sanarse a uno mismo y a otros. Nadie debería minimizar la importancia de los esfuerzos repetidos y cada vez más profundos de afirmaciones de voluntad o imaginación, como se indica en este libro, para curar malos hábitos o problemas mentales o corporales.

Dos factores en la curación

Al plantar un árbol, hay que considerar dos aspectos: la semilla adecuada y un terreno fértil. De manera similar, al curar enfermedades, se deben tomar en cuenta dos factores: el poder del sanador y la receptividad del paciente, quien debe responder a las vibraciones del sanador. Las palabras de Jesús, como «De mí ha salido virtud» y «Tu fe te ha sanado», demuestran que tanto el poder del sanador como la fe de la persona a sanar son esenciales.

La fe es más importante que el tiempo

La curación instantánea de enfermedades corporales, mentales y espirituales puede producirse de forma instantánea. La oscuridad acumulada durante años se disipa de inmediato al traer luz, no al intentar expulsar la oscuridad. No se puede prever cuándo tendrá lugar la sanación, así que no esperes una curación inmediata ni en un tiempo futuro. Es la fe, no el tiempo, lo que determinará cuándo se producirá la curación.

Los resultados dependen del correcto despertar de la energía vital y del estado mental y subconsciente del individuo. La falta de fe no despierta la energía vital, impidiendo que esta «doctora del cuerpo» o «constructora del cuerpo» actúe. El esfuerzo y la atención son absolutamente necesarios para despertar la fe, la voluntad o la imaginación, que, al ser estimuladas, impulsan automáticamente la energía vital a efectuar una curación.

El deseo o expectativa de resultados debilita la fuerza de la atención. Sin voluntad o fe, la energía vital permanece dormida, y la curación no puede tener lugar. Tomará tiempo reactivar la voluntad, fe o imaginación debilitada en un paciente con una enfermedad crónica, ya que sus células cerebrales están marcadas con hábitos de conciencia de enfermedad. Así como lleva tiempo formar un mal hábito, también se necesita tiempo para formar un buen hábito de conciencia de salud.

Clasificación de la curación

1. *Curación de enfermedades corporales.*

2. *Curación de enfermedades psicológicas,* como el miedo, la ira, los malos hábitos, la conciencia de fracaso, la falta de iniciativa y confianza, etc.

3. *Curación de enfermedades espirituales,* como la ignorancia, la indiferencia, una vida sin propósito, el orgullo intelectual, el dogmatismo, el escepticismo, el apego al método materialista de existencia, la ignorancia de las leyes de la vida y de la propia divinidad, etc.

Es fundamental dar igual importancia a la prevención y curación de los tres tipos de enfermedades. Cada una causa sufrimiento físico, mental o espiritual y, por lo tanto, debe tratarse con los métodos de cura adecuados.

La mayoría de las personas se concentran únicamente en la curación de enfermedades corporales, ya que éstas son tangibles y obvias. Sin embargo, no se dan cuenta de que los problemas mentales, como el miedo, la desesperación, el duelo, la preocupación, la ira violenta y la falta de autocontrol, junto con el sufrimiento espiritual causado por la ignorancia del propósito de la vida, son aún más importantes y dominantes. Todas las enfermedades físicas tienen su origen en la desarmonía mental y espiritual.

Para prevenir enfermedades físicas

- *Obediencia a las leyes materiales de Dios.* No comas en exceso. Muchos «cavan su tumba con cuchillo y tenedor». Pocos mueren de hambre; la mayoría, de gula.
- *Obedece las leyes higiénicas de Dios.* La higiene mental, que mantiene la mente pura, es superior a la higiene física, pero esta última también es importante y no debe descuidarse.
- *Evita el desperdicio en el cuerpo* mediante la actividad correcta y el conocimiento de cómo conservar la energía física, así como de suministrar al cuerpo una fuente inagotable de corriente vital mediante las prácticas de Yogoda.
- *Carga las células del cuerpo con energía vital* a través de métodos de Yogoda.
- *Evita el endurecimiento de las arterias* mediante el ejercicio adecuado.

Proteger el corazón del sobreesfuerzo

El miedo, la ira y otras emociones intensas aumentan el ritmo cardíaco. Es importante reducir este ritmo o trabajo del corazón cultivando la calma. Dale descanso al corazón mediante el método Yogoda y fomenta la paz y la relajación.

Si estimamos la cantidad de sangre expulsada por cada contracción de los ventrículos del corazón en cuatro onzas (113 gramos), el peso de la sangre movida en un minuto será de aproximadamente dieciocho libras (unos 8 kg). En un día será alrededor de doce toneladas, y en un año, unas cuatro mil toneladas. Estas cifras muestran la enorme carga de trabajo del corazón.

Los demás órganos del cuerpo trabajan durante el día y descansan durante el sueño nocturno, pero el corazón continúa funcionando incluso durante el sueño. La ciencia médica afirma que el corazón recibe descanso durante el período diastólico (expansión), lo cual equivale a unas nueve horas al día. Sin embargo, este período no es un verdadero descanso, sino una preparación para la contracción (sístole). Las vibraciones causadas por la contracción de los ventrículos reverberan a través de los tejidos del corazón incluso durante la relajación, lo que impide que el corazón descanse completamente.

Este esfuerzo continuo provoca un gran desgaste hasta que el corazón se deteriora completamente, lo que eventualmente conduce a la muerte. Aprender a experimentar el «gran sueño» (es decir, la experiencia consciente de la muerte) permite descansar todos los órganos de movimiento involuntario, incluido el corazón.

El control sobre la muerte llega cuando uno puede conscientemente controlar y descansar el movimiento del corazón. El descanso y la energía renovada que el cuerpo recibe durante el sueño son sólo un indicio del poder de la calma y la fortaleza que se obtienen durante el sueño consciente, en el cual incluso el corazón descansa.

San Pablo dijo en *1 Corintios* 15:31: *Sí, por la gloria que de vosotros tengo en Cristo, muero diariamente,* lo cual implica que la paz que proviene de la Conciencia Crística permite que el corazón repose. En la antigüedad ya se conocía esta gran verdad científica de descansar el corazón y alcanzar la inmortalidad.

Un caso notable en India es el del yogui Sadhu Haridas, quien fue enterrado bajo tierra durante cinco meses, bajo la constante supervisión de médicos europeos. Al cabo de ese tiempo, reanudó su respiración y volvió a la vida normal. Él había dominado el arte de controlar y descansar el corazón..

Prevenir enfermedades mentales

- Cultiva la paz y la fe en la Conciencia Cósmica.
- Libera la mente de pensamientos perturbadores y llénala de equilibrio y alegría.
- Reconoce la superioridad de la curación mental sobre la física.
- Abstente de adquirir malos hábitos que hacen la vida miserable.

Prevenir enfermedades espirituales

- Aprende el método para espiritualizar el cuerpo destruyendo la conciencia de mortalidad y cambio.
- Reconoce que el cuerpo es vibración materializada y debe ser comprendido como tal.
- Elimina la creencia de que el deterioro, la enfermedad o la muerte pueden afectar al cuerpo mediante una comprensión científica de las leyes subyacentes que unifican la materia y el Espíritu.

Firmemente, cree que fuiste creado a imagen del Padre, y que por lo tanto eres inmortal y perfecto como Él. Si una partícula de materia es indestructible, como lo ha demostrado la ciencia, entonces también lo es el alma. La materia experimenta cambios; el alma vive experiencias cambiantes. Todos los cambios son denominados muertes, pero la muerte o cambio de la forma de algo no altera ni destruye su esencia. Aplica las experiencias de paz y equilibrio que recibes durante la concentración y la meditación a tu vida diaria. Mantén tu equilibrio en medio de circunstancias difíciles, sin tambalearte ante emociones violentas o eventos adversos.

Hay diversos métodos para la concentración y la meditación, pero Yogoda, basado en métodos Vito-Psico-Físicos, es el mejor.

Evaluación de la ciencia de los métodos curativos

La enfermedad suele considerarse el resultado de causas materiales externas; pocos comprenden que surge por la inacción de la energía vital interna. Cuando el vehículo celular o tisular de la energía vital se ve afectado de alguna manera, la energía vital se retira de ese lugar, y el problema comienza como consecuencia. Medicinas, masajes y electricidad ayudan a estimular la célula de tal forma que inducen a la energía vital inactiva a regresar y reanudar su trabajo reparador.

No debemos ser extremistas de ninguna manera. Debemos adoptar los métodos de curación que sean adecuados según la convicción individual. Es importante tener en cuenta que medicinas, alimentos, venenos, etc., tienen una acción química definida sobre la sangre y el cuerpo. Mientras consumamos alimentos, no podemos negar que las medicinas o ayudas materiales tienen algún efecto sobre el cuerpo. Son útiles mientras pre-valezca una conciencia material, pero tienen sus limitaciones porque se aplican desde fuera.

La energía vital como el principal agente de curación

Los mejores métodos son aquellos que ayudan a la energía vital interna a reanudar sus actividades curativas. La medicina ayuda químicamente a la sangre y los tejidos. El uso de dispositivos eléctricos también es beneficioso. Sin embargo, ni la medicina ni la electricidad pueden curar una enfermedad por sí mismas; sólo estimulan o persuaden a la energía vital para que regrese a la parte del cuerpo afectada. Por tanto, la introducción de un elemento externo, como medicinas o electricidad, es indeseable si podemos usar la energía vital para lograr una curación sin intermediarios.

Métodos como el masaje, tratamientos osteopáticos, ajustes vertebrales o posturas de yoga no involucran influencias externas. Estos métodos eliminan o alivian la congestión en los nervios o vértebras, permitiendo el flujo libre de la energía vital.

La superioridad de la curación mental

La curación mental es superior a todos los métodos físicos, ya que la voluntad, la imaginación, la fe, etc., son diferentes fases de la conciencia que actúan directamente desde el interior. Éstas son las fuerzas motrices que estimulan y dirigen la energía vital para cumplir cualquier tarea definida.

Tanto los métodos físicos como los mentales de curación son útiles en la medida en que puedan influir y despertar la energía vital. Es la energía vital la que cura, y el método que ejerce más poder sobre la energía vital es el más eficaz.

El método Yogoda

El método Yogoda enseña a aprovechar y dirigir la voluntad para asistir a la energía vital vibratoria hacia cualquier parte del cuerpo que lo necesite. Ningún método de cultura física ni curación mental puede igualar los resultados extraordinarios de Yogoda, que emplea directamente la voluntad y la energía vital. Esto no es imaginación: los ejercicios de Yogoda permiten sentir la energía vibrante a través de todo el cuerpo.

Las medicinas pueden usarse para afecciones menores como irritaciones, cortes o heridas accidentales. Si un brazo está fracturado, es insensato esperar a que Dios repare los huesos desplazados cuando un médico (un hijo de Dios) puede solucionarlo con sus habilidades y conocimiento de las leyes divinas aplicadas a la materia. Si puedes curar instantáneamente tus huesos rotos mediante el poder mental, es admisible, pero no lo esperes.

La relación entre materia y Espíritu

Aunque la materia no existe en el sentido en que generalmente la concebimos, existe como una ilusión. Disipar esta ilusión requiere un método definido. La conciencia material posee al hombre a través de una ley de ilusión, y sólo siguiendo la ley opuesta de deshacer esa ilusión puede eliminarse la conciencia material.

Los extremistas, ya sean médicos rabiosos o sanadores mentales dogmáticos, están equivocados porque trazan una línea divisoria entre materia y Espíritu. El Espíritu, a través de una serie de procesos de materialización, se convierte en materia; por tanto, la materia proviene del Espíritu y no puede ser diferente de su entrelazada causa.

La materia es una expresión parcial del Espíritu: lo infinito apareciendo como finito, lo ilimitado como limitado. Sin embargo, dado que la materia no es más que el Espíritu en su manifestación ilusoria, no puede existir sin el Espíritu. Por ende, *el Espíritu existe; la materia no.*

Conciencia y vibración

La conciencia y la materia vibratoria son las dos naturalezas de un único Espíritu indivisible y no manifestado. La diferencia entre la conciencia y la materia es relativa. La primera es una vibración más sutil y la segunda una vibración más densa del mismo Espíritu trascendental. El Espíritu es la causa primera de la creación vibratoria. Los procesos de conciencia subjetiva, cognitiva y objetivada no existen en el Espíritu. El conocedor, el conocimiento y lo conocido son espiritualmente uno.

A través de la creación, el Espíritu, hasta entonces no manifestado, manifiesta dos naturalezas: una, la conciencia, y la otra, la vibración. La conciencia es la vibración de su naturaleza subjetiva, y la vibración es la manifestación de su naturaleza objetiva.

En una fase, el Espíritu aparece como el universo de materia vibratoria objetivada, con sus miles de millones de unidades de energía vital, átomos, moléculas, gases, líquidos, sólidos, etc. En la otra fase, el Espíritu se manifiesta como su inmanencia potencial en esta materia vibratoria objetivada, en forma de Conciencia Cósmica, manifestándose como conciencia humana individualizada con todas sus incontables ramificaciones de pensamientos, sentimientos, voluntad, imaginación, etc.

Diferencia entre materia y Espíritu

Desde un punto de vista metafísico, la diferencia entre materia y Espíritu radica en el ritmo de vibración, y es una diferencia de grado, no de tipo. Este punto se ilustra con el hecho de que, aunque todas las vibraciones son cualitativamente similares, las vibraciones entre 16 y 60 000 son densas y audibles para el sentido físico del oído, mientras que las vibraciones por debajo de 16 o por encima de 60 000 no pueden ser registradas por el tímpano.

La vibración de la conciencia es tan sutil y poderosa que no puede ser detectada por ningún instrumento físico. Sólo la conciencia puede comprender la conciencia. Sólo los seres humanos conscientes pueden detectar las vibraciones conscientes de otros seres humanos. Aquellos que habitan en una habitación imprimen una fuerza vibratoria en ella que puede ser percibida por otras personas.

La sutileza de la vibración de la conciencia y la densidad de la vibración de la materia son diferentes sólo superficialmente. Difieren sólo en grado, pero están tan diferenciadas por la fuerza vibratoria del Espíritu que parecen diferentes en tipo y en grado para la conciencia humana. La conciencia se percibe como una fuerza más sutil que existe dentro de un revestimiento de fuerza vibratoria más densa llamada materia; o se puede decir que la conciencia es la primera vibración del Espíritu y que la materia, a su vez, es el resultado de la vibración más densa de la conciencia. El ego percibe la conciencia directamente y la materia (por ejemplo, el cuerpo) indirectamente, a través de la conciencia (sensación, percepción y concepción).

Existe mucha confusión en la mente del hombre acerca de la unidad que existe entre la materia y la conciencia. La visión de un cuerpo vivo y un cuerpo muerto uno al lado del otro genera en el hombre la conciencia de la diferencia ilusoria entre cuerpo y conciencia. Cuando un hombre ve un cuerpo muerto (es decir, un cuerpo sin conciencia) y un cuerpo vivo (es decir, un cuerpo con conciencia), comienza a razonar sobre la diferencia radical entre cuerpo y conciencia, olvidando que la visión de un cuerpo muerto o vivo puede ser producida por el poder sostenido de una alucinación o en el estado de sueño de la conciencia humana, al igual que en la vida por el poder de *maya* o ilusión del mundo.

Cuerpo y conciencia creados por el hombre en el estado de sueño

En el estado de sueño, un hombre dormido puede encontrarse caminando alegremente en un hermoso jardín y, de repente, ver el cadáver de un amigo. Se siente afligido, derrama lágrimas, sufre un dolor de cabeza, siente que su corazón late con fuerza, o tal vez de repente se desata una tormenta, se empapa bajo la lluvia y siente frío. Luego despierta y se ríe de su experiencia ilusoria del sueño.

¿Cuál es la diferencia entre las experiencias del hombre dormido bajo la influencia de un sueño (experiencias de materia representadas en los cuerpos de él mismo y su amigo muerto, el jardín, el calor y el frío, etc.) y las experiencias de conciencia mostradas en su reconocimiento de sí mismo y de su amigo, y su percepción del jardín, el calor y el frío? ¿Cuál, entonces, es la diferencia entre estas experiencias del estado de sueño y las experiencias de su estado de vigilia? La conciencia de la materia y la conciencia de la conciencia están presentes en ambos casos. El hombre dormido crea materia y conciencia en su sueño.

Ilusión del mundo

Si una creación ilusoria es posible para la conciencia humana, entonces no es difícil imaginar que la Conciencia Cósmica o Espíritu, infinitamente poderosa, podría crear, mediante el poder de *maya* o ilusión del mundo, un sueño un poco más permanente en la conciencia humana, haciendo que ésta perciba la diferencia relativamente permanente y paradójica entre la materia y la conciencia. Aquellos que buscan salud o felicidad, o que temen la enfermedad, la muerte o el duelo, operan bajo la falsa convicción de que la salud es diferente de la enfermedad, que la vida es diferente de la muerte, que el duelo es diferente de la alegría. El hombre sueña con estas dualidades, pero cuando despierta, descubre que estas cosas eran sólo un sueño, una ilusión de su conciencia soñadora. Cuando el hombre comprende su verdadera naturaleza, las dualidades desaparecen, y toda carencia se revela como ilusoria, todo deseo se desvanece.

Para aquellos que no han alcanzado esta Conciencia Cósmica, es inútil hacer hincapié en la importancia de la ayuda médica o ignorarla por completo; o remarcar la importancia de la ayuda mental o ignorarla totalmente. Aunque la superioridad de la ayuda mental y el poder curativo de la mente sobre el poder curativo de los medicamentos es innegable, tampoco puede negarse el poder limitado de curar o causar la muerte de las hierbas y los medicamentos. Al emplear la ayuda mental, no hay necesidad de menospreciar los métodos físicos de curación, pues son el resultado de investigaciones sobre las leyes materiales de Dios.

Unidad subyacente de las curas médicas y mentales

El punto es que la mayoría de las personas creen únicamente en la cura médica o únicamente en la mental, ignorando el punto de unidad donde ambos métodos coinciden. Las leyes médicas no pueden contradecir las leyes mentales, ya que la ley material es simplemente una proyección de la ley espiritual. De manera similar, la ley que gobierna la materia y, por lo tanto, la ciencia médica, es más limitada y menos libre que su origen; por ello, la curación mental tiene un alcance y una eficacia más amplios que la medicina, ya que esta última es una materialización burda de la primera.

Mientras exista la conciencia material del cuerpo, no se puede prescindir del uso de medicamentos y drogas, pero tan pronto como esa conciencia material comienza a disminuir, la creencia en los medicamentos desaparece, y todos los sufrimientos corporales se perciben como teniendo sus raíces en lo mental. Sé que mi maestro nunca habló de la inutilidad de los medicamentos, pero entrenó y expandió la conciencia de sus estudiantes de tal manera que no confiaban en medicinas, etc., y usaban sólo el poder mental para curarse si enfermaban.

Algunas personas, tanto en Oriente como en Occidente, niegan fanáticamente la materia y la medicina cuando están tan absortas en el cuerpo que sienten que no pueden vivir si se saltan una comida. Es inconsistente negar la existencia de la materia con la misma boca que disfruta un filete para el almuerzo todos los días. Ese estado de realización en el que cuerpo y mente, muerte y vida, enfermedad y salud aparecen igualmente ilusorios, es el único estado en el que podemos decir que no creemos en medicamentos, alimentos, cirugía o en la existencia de la materia.

Peligros de la negación ciega de la materia

Enseñar la inexistencia de la materia mientras se está soñando y absorto en la materia es improductivo, peligroso y fanático. Existe una ley psicológica científica profundamente arraigada que gobierna la formación y disolución de la ilusión de la materia. Deshacer la ilusión no puede lograrse mediante la imaginación o una creencia fanática: sólo puede lograrse mediante métodos de concentración psico-física que, gradualmente y de manera consciente, desacoplan y liberan al alma de su identificación con la conciencia material a través de ciertas etapas definidas de realización progresiva.

Las personas con conciencia material, que creen en el cuerpo físico, primero deben ser entrenadas gradualmente para dejar de depender de la medicina y las ayudas materiales, y ser enseñadas a confiar más en la ayuda mental y en la naturaleza inmortal de la conciencia. Convertir a personas con conciencia material en fanáticos metafísicos no logra nada. De hecho, causa un gran daño, ya que un malentendido lleva a otro, y porque no comprenden correctamente las leyes materiales de Dios, que la ciencia médica ha descubierto y aplicado parcialmente, y que estos fanáticos metafísicos niegan de manera cruda y engañosa, tampoco logran comprender las leyes sistemáticas y científicas de la mente, quedando obstinadamente fijos en su dogmatismo de grupo o congregacional. Siguen una idea a ciegas, sin satisfacer el lado razonable y lógico de su naturaleza.

La verdad satisface cada parte de la naturaleza humana y no incluye factores inconsistentes o inarmónicos. La verdad poseída por un solo hombre prevalecerá, mientras que el error compartido por el resto de la humanidad, excepto ese uno, debe ser rechazado.

El cuerpo como vibración materializada

El cuerpo es vibración materializada como la combinación de sólidos, líquidos y gases. Bajo las capas de carne está la vibración de la corriente vital, presente como energía fluida, y bajo esta se encuentra la vibración de la sutil conciencia humana, que permanece aislada a través de la ignorancia de la Conciencia Cósmica.

En la Conciencia Cósmica no hay cambio ni muerte, mientras que la conciencia humana está sujeta a cambio y limitación. El proceso de liberar la mente consiste en entrenarla mediante afirmaciones, concentración, Yogoda, etc., para que gradualmente pueda desviar su atención de las vibraciones más burdas del cuerpo y sus cambios asociados, como la muerte, la enfermedad, etc., y sentir la vibración más sutil y estable de la energía vital y la conciencia hacia la Conciencia Cósmica, donde no existe conciencia de cambio (es decir, muerte, vida, salud, enfermedad, etc.), sino que sólo reina una conciencia inmutable de dicha.

Los diferentes estados del canto

Recuerda que las afirmaciones deben practicarse con una entonación adecuada, comenzando con un tono alto que se desvanezca en un susurro, y sobre todo con atención y devoción. El pensamiento debe llevarse del sentido auditivo a la mente consciente, luego a la mente subconsciente o automática, y finalmente a la supraconsciente, con convicción sobre su eficacia y verdad. Para aquellos que creen, estas afirmaciones los curarán, y Yogoda les enseñará cómo prevenir enfermedades para siempre, además de curarlas.

El siguiente esquema muestra el orden de los distintos estados consecutivos del canto:

- Canto consciente, en voz alta.
- Canto en susurro.
- Canto mental.
- Canto subconsciente.
- Canto supraconsciente.

El canto subconsciente se vuelve automático, con conciencia interna únicamente. El canto supraconsciente ocurre cuando las profundas vibraciones internas del canto se convierten en realización y se establecen en las mentes supraconsciente, subconsciente y consciente. Mantener la atención ininterrumpida en la verdadera vibración cósmica, y no en algún sonido imaginario, es el verdadero canto supraconsciente.

Supraconsciencia, no inconsciencia

Un punto muy importante a tener en cuenta es que, al pasar de un estado de canto a otro, la actitud de la mente también debe cambiar, volviéndose más profunda y concentrada. El objetivo es unir al cantor, el canto y el proceso de cantar en uno solo. La mente debe sumergirse en el estado consciente más profundo, NO en la inconsciencia, ni en la distracción o el sueño, sino en un estado concentrado de absoluta consciencia donde todos los pensamientos se hunden y se fusionan en un único estado, como partículas atraídas por un imán irresistible.

Centros fisiológicos

Durante las diferentes afirmaciones, debe prestarse atención a los centros fisiológicos donde debe dirigirse la atención, como:

- El *corazón*, que es el centro relacionado con el sentimiento.
- La *médula*, que es la fuente de la energía.
- El *entrecejo*, que es el centro de la voluntad.

La atención se dirige inconscientemente a estos centros; por ejemplo, cuando sentimos algo, la atención se centra en el corazón y lo percibimos excluyendo las demás partes del cuerpo. Debemos cultivar un poder consciente sobre la dirección de la atención hacia los centros de pensamiento, voluntad y sentimiento.

Por encima de todo, una fe absoluta e incuestionable en Dios o en sus verdaderos devotos es el método más efectivo de curación instantánea. Es mejor morir en el intento de despertar esa fe que morir con buena salud, pero con una absoluta dependencia de la medicina o la materia.

Valor de los diferentes métodos de curación

La prevención de enfermedades debe ser la meta por la que todos debemos esforzarnos. Nuestra concentración debe centrarse en este problema tan importante. Dado que muchas personas ya sufren porque han quebrantado leyes espirituales, mentales o físicas de la vida, y porque muchas más seguirán quebrantándolas aunque lo sepan, es importante considerar el valor relativo de los diferentes métodos de curación de enfermedades físicas.

- La ciencia médica emplea sólo medios físicos para curar, lo que limita su alcance.
- Los métodos psicofísicos y mentales tienen una aplicación más amplia, y hasta el médico más materialista reconoce el efecto de la mente en la enfermedad y siente mayor confianza si su paciente «tiene fe en él».

La autosugestión y las afirmaciones de voluntad son métodos inconscientes de estimular la energía vital, pero como los métodos puramente mentales no trabajan conscientemente con esta energía vital ni establecen una conexión fisiológica, no son efectivos en todos los casos de enfermedad.

Si se añade voluntad consciente y cooperación con la energía vital, los resultados son mucho más exitosos. La curación es segura si los métodos psicofísicos, junto con la voluntad, la fe y la razón, se combinan para dirigir la energía vital y alcanzar la supraconsciencia.

El conocimiento de la unidad inherente e inseparable entre la materia y el Espíritu resuelve todos los problemas de enfermedad.

Instrucciones individuales y en grupo

TIEMPO:
- *Para el individuo:* Inmediatamente después de despertar por la mañana o durante el período de somnolencia antes de dormir por la noche.
- *Para el grupo:* En cualquier momento adecuado.

LUGAR:
Entornos silenciosos o tranquilos en la medida de lo posible. Si las afirmaciones deben realizarse en un lugar ruidoso, ignora la perturbación y realiza el ejercicio con devoción.

MÉTODO:
Antes de comenzar a afirmar, libera la mente de preocupaciones e inquietudes.

1. Elige tu afirmación y repítela primero en voz alta, luego más suave y lentamente, hasta

que la voz logre un susurro. Gradualmente afirma sólo mentalmente, sin mover la lengua ni los labios.

2. Afirma mentalmente hasta que sientas que has alcanzado una profunda concentración ininterrumpida, no inconsciencia, sino continuidad consciente de pensamiento.

3. Si continúas afirmando mentalmente y profundizas más, sentirás una gran sensación de alegría y paz creciente.

4. Durante la concentración profunda, la afirmación se fusionará en el flujo subconsciente y regresará más tarde reforzada, influyendo en tu mente consciente por la ley del hábito.

5. A medida que la afirmación penetra en el reservorio supraconsciente, regresará cargada de un poder ilimitado para influir en tu mente consciente y materializar tus deseos.

Nota: Durante afirmaciones en grupo para curar enfermedades físicas o mentales en uno mismo o en otros, mantén un tono uniforme, una fuerza igual, una concentración constante y una fe y paz uniformes. Las mentes débiles pueden debilitar la fuerza unificada de las afirmaciones.

Evita movimientos corporales, inquietud mental o perturbar a otros. Recuerda que tu concentración o inquietud afectará favorable o desfavorablemente el resultado deseado.

Semillas de afirmación

Las afirmaciones deben repetirse con fe, concentración y devoción, evitando la repetición mecánica. «No tomes el nombre del Señor tu Dios en vano» refleja la importancia de repetir afirmaciones con sinceridad e intensidad. Con suficiente poder, una sola orden puede cambiar tus células corporales o mover tu alma hacia milagros.

Reglas preliminares para las afirmaciones

1. Dirección: Siéntate mirando al norte o al este.

2. Postura

3. Cierra los ojos.
   - Concéntrate en la médula (a menos que se indique lo contrario).
   - Mantén la columna recta, el pecho alto y el abdomen hacia adentro.
   - Relájate completamente.
   - Respira profundamente y exhala tres veces.

4. Relaja el cuerpo y mantenlo inmóvil. Vacía la mente de pensamientos inquietos y desconéctate de las sensaciones corporales (peso, temperatura, sonidos, etc.).

5. Llena tu mente de devoción y voluntad:

- Siente devoción en el corazón.
- Siente voluntad en el centro fisiológico entre las cejas.
- Descarta la ansiedad, la desconfianza y la preocupación.
- Acepta con calma que la ley divina opera cuando no la bloqueas con duda o incredulidad.

6. Considera que todos los estados corporales son cambiables y curables. La sensación de que algo es crónico es una ilusión.

7. Olvida temporalmente aquello que deseas sanar.

Afirmaciones en grupo

- El líder debe leer las afirmaciones rítmicamente mientras está de pie.
- La audiencia debe repetirlas con el mismo ritmo e entonación.

Afirmación general de sanación

*En cada altar de sentimiento, pensamiento y
voluntad, Tú estás sentado, Tú estás sentado.
Eres todo sentimiento, voluntad y pensamiento.
Tú los guías.
Deja que sigan, deja que sigan, deja que sean como
Tú eres.*

*En el templo de la conciencia estaba la Luz,
Tu Luz.
No la veía, ahora la veo.
El templo es luz, el templo es completo.*

*Dormí y soñé que el templo se rompía con miedo,
preocupación, ignorancia.
Dormí y soñé que el templo se rompía con miedo,
preocupación, ignorancia.*

*Tú me has despertado hoy, Tú me has despertado.
Tu templo está completo hoy, Tu templo está completo.*

Quiero adorarte en el corazón, en la estrella, en la
célula del cuerpo.
Te amo en el electrón, juego contigo.

Deseo adorarte en el cuerpo, las estrellas,
las nebulosas de polvo estelar.
Tú estás en todas partes, en todas partes.
Te adoro.

La Voluntad Celestial Tuya brilla como la
voluntad humana mía.
Yo no diré que es Tu Voluntad que está equivocada
o enferma.
Es mi voluntad divorciada de Ti la que me hace
estar atado, no libre.

Trabajaré, ejerceré mi voluntad, pero cargaré mi
voluntad con Tu propia Voluntad.
Haznos niños pequeños, Padre, en los dueños
de Tu Reino.
Tu amor en nosotros es perfección.
Así como Tú eres completo, nosotros somos santos.

En cuerpo y mente somos saludables, así como Tú
eres.
Eres perfecto. Somos Tus hijos.

Donde Tú estás, la perfección está allí.

Tú estás sentado en cada célula altar.
Estás en todas mis células corporales.
Son completas, son perfectas.
Hazme sentir que Tú estás allí, en todas ellas.

Cada uno y todos

Vida de mi vida, Tú eres completo.
Tú estás en todas partes,
en mi corazón, en mi cerebro,
en mis ojos, en mi rostro,
en mis extremidades y todo.

Tú mueves mis pies,
ellos están completos, ellos están completos.
Mis pantorrillas y muslos
están completos, porque Tú estás allí.

Mis muslos son sostenidos por Ti
para que no caiga, para que no caiga.
Están completos, porque Tú estás allí.
Están completos, porque Tú estás allí.

Tú estás en mi garganta,
la membrana mucosa, el abdomen
brilla contigo.

Están completos, porque Tú estás allí.

En mi columna, Tú chisporroteas.
Está completa, está completa.
En mis nervios, Tú fluyes.
Están completos, están completos.

En mis venas y arterias
Tú flotas, Tú flotas.
Están completas, están completas.

Tú eres fuego en mi estómago,
Tú eres fuego en mis intestinos.
Están completos, están completos.

Así como Tú eres mío,
yo soy Tuyo.
Tú eres perfecto.
Tú soy yo, Tú soy yo.

Tú eres mi cerebro.
Está brillante, está completo,
está completo, está completo, está completo.

Deja que mi fantasía fluya libremente.
Deja que mi fantasía fluya libremente.

Estoy enfermo cuando así lo pienso.
Estoy sano cuando así lo pienso.
Cada hora, oh, cada día.
En cuerpo, mente, en cada forma,
estoy completo, estoy feliz.
Estoy completo, estoy feliz.

Soñé un sueño en el que estaba enfermo.
Desperté y reí al encontrarme aún
bañado en lágrimas
de alegría, no de tristeza,
al descubrir que soñé con enfermedad.

Porque estoy completo, estoy completo.
Déjame sentir Tu amoroso estremecimiento,
Tu amoroso estremecimiento.

Tú eres mi Padre.
Soy Tu hijo,
bueno o travieso, soy Tu hijo.

Déjame sentir Tu estremecimiento saludable.
Déjame sentir la voluntad de Tu sabiduría.
Déjame sentir la voluntad de Tu sabiduría.

Afirmación de pensamiento

Concentra el pensamiento en la frente y repite lo
siguiente:

Pienso que mi vida fluye
Sé que mi vida fluye
Desde el cerebro a todo mi cuerpo fluye.

Ráfagas de luz disparan
A través de la raíz de mi tejido.
La inundación de Vida a través de las vértebras
Se precipita por la columna en espuma y rociado.

Las pequeñas células están bebiendo
Sus diminutas bocas están brillando
Las pequeñas células están bebiendo
Sus diminutas bocas están brillando.

Afirmación de voluntad

Concentra la voluntad en la médula y en el punto entre las cejas simultáneamente, y repite lo siguiente, primero en voz alta y luego gradualmente en susurros:

Yo dirijo mi vida a cargar
con voluntad divina.
Yo la dirijo a cargar.

A través de mis nervios y músculos todos
mis tejidos, extremidades y todo,

con fuego vibrante y electrizante,
con ardiente y gozoso poder.

En sangre y glándulas
por soberano mandato
te ordeno fluir,
por mi mandato te ordeno brillar,
por mi mandato te ordeno brillar.

Para el desarrollo y la correcta orientación de la razón y la curación de la inteligencia lenta

1. Lee, marca y digiere internamente.

2. Razona sobre cosas buenas.

3. Adopta el mejor plan que puedas ofrecerte a ti mismo mediante el ejercicio de la razón.

4. Observa una proporción adecuada para cultivar la razón:
- Si lees durante una hora, escribe durante dos horas y piensa durante tres horas.

5. Obedece las leyes mentales que Dios te ha dado para desarrollar tu razón.

6. Pronuncia estas afirmaciones con fuerza del alma: Esto desarrollará la inteligencia innata que los psicólogos modernos afirman que está limitada e incapaz de expandirse.

Al obedecer las leyes materiales y creer que están controladas por una ley espiritual superior, uno puede elevarse por encima de ellas y ser completamente guiado por ellas. Esta superioridad trascendental de las leyes espirituales sobre las materiales no puede ser comprendida por alguien que piense que puede superar las leyes materiales negando cruda y torpemente su existencia y actuando en su contra.

Concentración:

Concéntrate debajo del cráneo, sintiendo el peso del cerebro dentro de él:

En las cámaras de la sabiduría
Tú vagabundeas,
Tú eres la razón en mí.

Tú despiertas
cada pequeña célula perezosa del cerebro
para recibir, para recibir
el bien que la mente y los sentidos ofrecen,
el conocimiento que Tú das.

Yo mismo pensaré, yo mismo razonaré.
No te molestaré por el pensamiento,
pero guía cuando la razón yerre,
llévala a su meta correcta.

Afirmación de sabiduría

Oh Padre Divino, oh Madre Divina,
oh Maestro mío, oh Amigo Divino,
vine solo, me iré solo.
Contigo solo, contigo solo
Contigo solo, contigo solo.

Tú hiciste un hogar para mí
de células vivas; un hogar para mí.
Este hogar mío es hogar Tuyo.
Tu vida hizo este hogar.
Tu fuerza hizo este hogar.

Tu hogar es perfecto, Tu hogar es perfecto.
Soy Tu hijo, Tú eres mi Padre.
Ambos habitamos, ambos habitamos
en el mismo templo,
en este templo de células.
Oh en este templo de células.

Tú siempre estás aquí.
Oh en mi altar palpitante cerca.
Me alejé, me alejé
con la oscuridad a jugar, con el error a jugar,
como un niño travieso, me alejé.

A casa volví con Oscuridad oscura.
A casa volví con la marca fangosa de la materia.
Tú estás cerca, no puedo verte.
Tu hogar es perfecto, no puedo verlo.

Estoy ciego, Tu Luz está allí.
Es mi culpa que no pueda ver.
Oh, es mi culpa que no pueda ver.

Bajo la línea de la oscuridad
Tu Luz brilla.
Tu Luz brilla.

Juntas, Tu Luz y la Oscuridad
no pueden permanecer, no pueden permanecer.
Juntas, la sabiduría y la ignorancia,
no pueden permanecer, no pueden permanecer.

Expulsa, oh aleja.
La oscuridad fuera.

Mi oscuridad fuera.

Mis células corporales están hechas de luz.
Mis células carnales están hechas de Ti.
Son perfectas, porque Tú eres perfecto.
Son saludables, porque Tú eres salud.
Son Espíritu, porque Tú lo eres.
Son inmortales, porque Tú estás vivo.

Afirmaciones de éxito (para sanar la conciencia de fracaso)

El éxito llega al obedecer las leyes divinas y materiales. Tanto el éxito material como el espiritual deben ser alcanzados.

El éxito material consiste en adquirir todas las necesidades de la vida. La ambición por ganar dinero debe ser utilizada para mejorar la sociedad, el país y el mundo. Haz todo el dinero que puedas mejorando tu comunidad, tu país o el mundo, pero nunca lo hagas actuando en contra de sus intereses.

Recuerda que existen leyes mentales, subconscientes y supraconscientes para el éxito y para combatir el fracaso. El método subconsciente para el éxito consiste en repetir las afirmaciones intensa y atentamente, inmediatamente antes y después de dormir.

Si deseas que la ley divina o el poder supraconsciente te ayude, no detengas tus esfuerzos conscientes, ni confíes únicamente en tus habilidades naturales. Usa tu esfuerzo conscientemente, intentando y planificando el éxito, luchando contra el fracaso mientras sientes, al mismo tiempo que la ley divina está ayudando a que tus esfuerzos alcancen su destino con éxito. Este método establece una conexión consciente con lo divino.

Piensa que, como hijo de Dios, tienes acceso a todo lo que pertenece a tu Padre. No dudes; cuando desees algo, abandona la conciencia de fracaso, y comprende que todas las cosas son tuyas. Los hábitos subconscientes de ignorancia e incredulidad en esta ley nos han privado de nuestra herencia divina. Aquellos que desean utilizar los recursos del suministro divino deben destruir esta mentalidad equivocada mediante un esfuerzo constante saturado de infinita confianza.

Así, cuando los métodos consciente, subconsciente y supraconsciente de éxito se combinan, el éxito seguramente llegará. Inténtalo nuevamente, sin importar cuántas veces lo hayas intentado sin éxito.

Afirmación de éxito material

Tú eres mi Padre.
Éxito y alegría.
Soy Tu hijo.
Éxito y alegría.

Toda la riqueza de esta Tierra,
toda la abundancia del universo,
te pertenece, te pertenece.

Soy Tu hijo.
La riqueza de la Tierra y el universo
me pertenece, me pertenece.
Oh, me pertenece, me pertenece.

Viví en pensamientos de pobreza
e imaginé erróneamente que era pobre.
Así que era pobre.

Ahora estoy en casa y Tu conciencia
me ha hecho rico, me ha hecho abundante.

Soy éxito, soy abundancia.
Tú eres mi Tesoro, soy rico, soy rico.

Tú eres todo, Tú eres todo.
Tú eres mío.
Tengo todo, tengo todo.
Soy próspero, soy rico.

Tengo todo, tengo todo.
Poseo todo, poseo todo.
Así como Tú lo haces, así como Tú lo haces.
Poseo todo, poseo todo.

Tú eres mi riqueza.
Tengo todo.

El éxito espiritual consiste en contactar conscientemente con la Conciencia Cósmica y en mantener tu paz y equilibrio, sin importar los eventos irremediables de la vida, como la muerte de amigos u otras pérdidas.

En caso de la separación de uno de tus seres queridos por la ley de la naturaleza, no deberías entristecerte, sino más bien agradecer a Dios por haberte dado el privilegio de cuidar, acompañar y tener bajo tu responsabilidad a uno de Sus amados.

El éxito espiritual llega al comprender el misterio de todos los eventos de la vida, y al mirar todas las cosas con alegría y valentía, con la realización de que todo marcha hacia la meta más elevada. La ignorancia debe ser sanada con conocimiento.

Afirmación de éxito espiritual (para sanar la ignorancia del alma)

Tú eres conocimiento,
Y Tú conoces
la causa y el fin de todas las cosas.

Soy Tu hijo.
Quiero conocer
el verdadero misterio de la vida,
el verdadero deber gozoso de la vida.

Tu conocimiento en mí mostrará
todas las cosas que Tú conoces,
que Tú conoces.

En la sanación, como se ha dicho anteriormente, la imaginación, la voluntad, la fe, la razón y el sentimiento estimulan la energía vital perturbada, que puede electrificar internamente las células enfermas del cuerpo y restaurarlas a su condición saludable original. Por lo tanto, quienes deseen sanar científicamente deben conocer las leyes para visualizar y controlar esta energía vital.

Para sanar a otros, uno debe tener control sobre su propia energía vital y proyectar una corriente en el cuerpo del paciente que estimule y armonice la energía vital perturbada del paciente mediante el poder de la voluntad o la imaginación. La sanación no puede realizarse por azar; los grandes sanadores pueden observar las leyes psico-físicas de la naturaleza operando en el cuerpo del paciente durante el proceso de curación.

Afirmación para los ojos

Concéntrate con los ojos cerrados primero en la médula, luego siente el poder de la visión en los ojos fluyendo a través de los nervios ópticos hacia la retina. Concéntrate en la retina. Dilata los ojos y relájalos.

Afirmaciones de éxito psicológico

Soy valiente, soy fuerte.
El perfume del pensamiento de éxito
sopla en mí, sopla en mí.

Soy sereno, soy tranquilo.
Soy dulce, soy amable.
Soy amor, soy simpatía.
Soy encantador y magnético.

Estoy complacido con todos.
Limpio las lágrimas y temores de todos.
No tengo enemigos
aunque algunos piensen que lo son.
Soy amigo de todos.

No tengo hábitos.
Al comer, vestir, comportarme
soy libre, soy libre.

Te ordeno, oh Atención,
que vengas y practiques concentración
en las cosas que hago, en los trabajos que realizo.

Puedo hacerlo todo
cuando así lo pienso, cuando así lo pienso.

En la iglesia o el templo, en actitud de oración,
mis pensamientos vagos se alzaron contra mí.
Y retuvieron mi mente de alcanzarte.
Y retuvieron mi mente de alcanzarte.

Enséñame a poseer nuevamente, oh, poseer
nuevamente.
Mi mente y cerebro vendidos a la materia,
para que pueda dártelos
en oración y éxtasis,
en meditación y ensueño.

Te adoraré en meditación,
en el pecho de la montaña y en el aislamiento.

Sentiré Tu energía
fluyendo a través de mis manos en la actividad.
Para no perderte
te encontraré en la actividad.

En el lago sereno de la paz,
en la hora del amanecer de la sabiduría.
La luz Tuya, oh, brilla a través de la mía.
A través del pasado, presente y futuro.

Te ordeno,
mis ojos dos,
que sean uno y único,
que sean uno y único.

Para ver todo y conocer todo,
para hacer brillar mi cuerpo,
para hacer brillar mi mente,
para hacer brillar mi alma.

Ejercicio para los ojos

Gira los globos oculares hacia arriba, luego hacia abajo, luego a la izquierda y luego a la derecha. Luego, rota los ojos de izquierda a derecha y de derecha a izquierda.

Fija la atención de los ojos, en el punto medio de la frente, pensando que la energía vital fluye hacia ellos y transforma ambos ojos en dos reflectores. Este ejercicio también es beneficioso físicamente para los ojos.

Te ordeno, oh rayos de azul,
que fluyan por mis nervios ópticos
y me muestren la verdad, y me muestren la verdad.
Su Luz está allí, Su Luz está allí.

A través de mis ojos Tú miras,
Tú miras.
Están completos, son perfectos.

Uno arriba y dos abajo.
Ojos tres, ojos tres.
A través de ustedes, lo invisible.
¿Qué luz huye? ¿Qué luz huye?

Ojos de loto, no lloren más,
no lloren más.
Las tormentas ya no dañan tus pétalos.
Vengan rápido y fluyan como cisnes
en las aguas alegres del Gozo.

Para regular la fuerza sexual

Antes de acostarse por la noche, limpia manos, pies, axilas, ombligo, rostro, médula y todas las aberturas del cuerpo con una toalla húmeda. Haz esto regularmente.

Durante la excitación corporal, inhala profundamente y exhala profundamente. Repite de 6 a 15 veces y luego ve rápidamente entre multitudes de personas o hacia tus superiores.

A través del polen y el estambre
Tú creas las flores puras.
A través de mis padres puros,
Tú trajiste mi cuerpo.

Así como Tú eres el creador
de todas las cosas buenas,
así somos nosotros.

Enséñanos a crear
en santidad, en pureza,

ideas nobles o almas nobles,
en santidad, según sea necesario.

Tú eres sin género,
nosotros somos sin género, somos sin género.
Tú nos creaste en pureza.
Enséñanos a crear en santidad,
pensamientos nobles o hijos
forjados a Tu imagen.

El cuerpo es como un jardín rebosante de encantadores frutos de los sentidos: del sonido, la vista, el gusto, el olfato y el tacto. La divinidad en el hombre lo advierte contra la indulgencia excesiva y la desmesura en el uso de cualquiera de estos frutos sensoriales, pero especialmente contra el uso indebido de la manzana de la fuerza sexual, situada en el centro de este Jardín del Edén corporal.

Al permitir que la serpiente de la curiosidad maligna y la Eva o débil naturaleza femenina en él lo tienten a transgredir la ley de la experiencia sensorial regulada y no identificada, el hombre es expulsado de su jardín perfecto de la Conciencia de Gozo y pierde la alegría del autocontrol.

El despertar antinatural de la conciencia sexual trae consigo la hoja de higuera o la conciencia de pecado de la vergüenza.

Los padres que deseen tener hijos deben ser particularmente cuidadosos de concentrarse en el propósito creativo y no en los medios para ese fin. El encanto de la comunión sexual no debe ser usado por el hombre para su propio disfrute.

Para corregir malos hábitos

1. Los buenos hábitos son tus mejores aliados; conserva su fuerza estimulándolos con buenas acciones.

2. Los malos hábitos son tus peores enemigos; contra tu voluntad, te hacen hacer cosas que más te lastiman. Son perjudiciales para tu felicidad física, social, mental, moral y espiritual. Debilita los malos hábitos negándoles más alimento de malas acciones.

3. La verdadera libertad consiste en hacer las cosas, es decir, comer, leer, ayudar, etc., de acuerdo con el juicio correcto y la elección de la voluntad, no en ser compelido por hábitos. Come lo que debes comer, no necesariamente lo que estás acostumbrado a comer. Haz lo que debes hacer, no lo que dictan tus hábitos.

4. Tanto los buenos como los malos hábitos requieren tiempo para adquirir fuerza. Los malos hábitos poderosos pueden ser desplazados por buenos hábitos opuestos si estos se cultivan pacientemente.

5. Primero reemplaza todos los malos hábitos por buenos hábitos en todo, luego cultiva la conciencia de estar libre de todos los hábitos en comer, trabajar, etc.

Tú habitas la ley,
Tú estás por encima de todas las leyes.
Soy Tu hijo, amo Tu ley.
Por encima de todas las leyes estoy yo,
así como Tú estás.
Por encima de todas las leyes estoy yo.

Oh soldados valientes y de buenos hábitos,
expulsad los hábitos oscuros, oscuros,
expulsad los hábitos oscuros, oscuros.

Soy libre, soy libre,
no tengo hábitos, no tengo hábitos.
Haré lo correcto, haré lo correcto,
sin ser comandado por la fuerza de los hábitos.

Soy libre, soy libre,
no tengo hábitos, no tengo hábitos.

Ejercicio físico para el estómago

Inclínate hacia adelante mientras sostienes los brazos de una silla. Exhala completamente y hunde el estómago y el abdomen lo más posible (lo más cerca de la columna vertebral que puedas). Luego, expándelos mientras inhalas. Repite 12 veces. Este ejercicio ayuda a la acción peristáltica del estómago y elimina sus dolencias.

Ejercicio para los dientes

Con los ojos cerrados, aprieta los dientes superiores e inferiores del lado izquierdo juntos, luego los del lado derecho, y después los dientes frontales superiores e inferiores. Finalmente, aprieta todo el conjunto de dientes superiores e inferiores. Mantén cada estado durante uno o dos minutos, concentrándote en la «sensación de apretar los dientes» y pensando que la energía curativa está vitalizando todas las raíces de los dientes y eliminando las condiciones inarmónicas.

El método Yogoda

El método *Yogoda* es un sistema de técnicas desarrollado por *Paramahansa Yogananda* que combina ejercicios físicos, mentales y espirituales para armonizar el cuerpo, la mente y el Espíritu. Su propósito principal es revitalizar el cuerpo, controlar la mente y alcanzar la conexión con la conciencia superior o el alma. Yogananda lo presentó como parte de sus enseñanzas en el movimiento *Self-Realization Fellowship*.

Principios del método Yogoda

1. *Revitalización del cuerpo con energía vital:* Se centra en el uso consciente de la energía vital (*prana*) para recargar y fortalecer las células del cuerpo. Esto implica aprender a dirigir esta energía hacia áreas específicas del cuerpo mediante técnicas de concentración y voluntad.

2. *Equilibrio entre energía física y mental:*
A través de ejercicios específicos, el practicante aprende a liberar tensiones físicas y emocionales, promoviendo un estado de relajación consciente que mejora el bienestar general.

3. *Conexión espiritual:*
Más allá de la salud física y mental, el método Yogoda guía al practicante hacia la conciencia espiritual mediante técnicas de meditación y concentración, buscando la unión con la Conciencia Cósmica.

Elementos Clave

Ejercicios de energización:
Diseñados para despertar y dirigir conscientemente la energía vital, promoviendo la salud y la vitalidad.

Concentración y voluntad:
Se emplean técnicas de atención para fortalecer el control de la mente y desarrollar el enfoque en actividades y meditaciones.

- *Meditación y superación de limitaciones:*
  El método incluye prácticas para trascender las identificaciones con el cuerpo y la mente, y conectar con el alma, que Yogananda describe como la verdadera esencia del ser.

Objetivo del método Yogoda

El objetivo final es una vida equilibrada y plena: un cuerpo saludable, una mente serena y una experiencia espiritual elevada que permita alcanzar la autorrealización entendida como la percepción directa de la unidad del ser con lo divino.

Si tienes interés en aprender este método, Yogananda lo detalla en sus escritos y programas ofrecidos por la *Self-Realization Fellowship o la Yogoda Satsanga Society* en la India.

Paramahansa Yogananda

Paramahansa Yogananda (1893-1952) fue un maestro espiritual indio, reconocido mundialmente por ser uno de los principales introductores del yoga y la meditación en Occidente. Su legado perdura a través de sus enseñanzas sobre la autorrealización y la unidad entre las tradiciones espirituales de Oriente y Occidente.

Yogananda nació el 5 de enero de 1893 en Gorakhpur, India, en una familia devota de tradición bengalí. Su nombre de nacimiento fue Mukunda Lal Ghosh. Desde temprana edad mostró una inclinación espiritual excepcional, teniendo experiencias místicas y un profundo deseo de encontrar a un verdadero maestro. En su juventud, conoció a su gurú, Swami Sri Yukteswar Giri, quien lo guió en la senda del *Kriya Yoga,* una técnica de meditación que acelera el desarrollo espiritual. Bajo su tutela, Mukunda pasó años de intenso entrenamiento espiritual y adquirió un profundo conocimiento de las escrituras védicas y la práctica del yoga.

En el año 1920, Yogananda viajó a los Estados Unidos como representante de la India en el Congreso de Religiones Liberales de Boston. Su discurso cautivó al público y marcó el inicio de su misión en Occidente. Durante los años siguientes, ofreció conferencias en diversas ciudades, llenando auditorios con miles de personas interesadas en sus enseñanzas sobre la meditación y la autorrealización.

En el año 1925 fundó la Self-Realization Fellowship (SRF) en Los Ángeles, una organización dedicada a difundir la práctica del *Kriya Yoga* y la espiritualidad universal. Su carisma y profundidad espiritual atrajeron a discípulos de diferentes orígenes, consolidando un puente entre la sabiduría de la India y la mentalidad occidental.

En 1946, publicó su obra más influyente, *Autobiografía de un Yogui*, que se ha convertido en un clásico de la literatura espiritual. En este libro, Yogananda relata su camino espiritual, sus encuentros con santos y místicos de la India y su misión en Occidente. La obra ha inspirado a millones de personas, incluyendo figuras como Steve Jobs y George Harrison, y sigue siendo una fuente de inspiración y guía para buscadores espirituales en todo el mundo.

Las enseñanzas de Yogananda se centran en la realización del Ser a través de la meditación y la unión con lo divino. Hizo hincapié en que todas las religiones tienen un núcleo común de verdad y que la espiritualidad es una experiencia directa más que una simple creencia.

A través de la Self-Realization Fellowship y su rama en India, Yogoda Satsanga Society (YSS), su legado sigue vivo, con miles de centros y practicantes en todo el mundo. Sus lecciones de *Kriya Yoga* continúan guiando a quienes buscan una transformación interior y un camino hacia la iluminación.

Yogananda dejó su cuerpo físico el 7 de marzo de 1952 en Los Ángeles, en un estado de *mahasamadhi,* la trascendencia consciente de la vida terrenal.

Índice